Manü Mohr

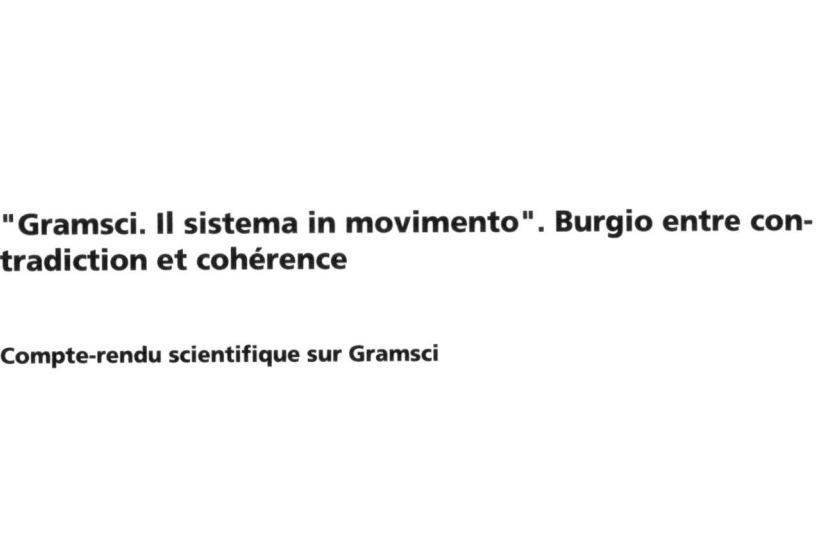

"Gramsci. Il sistema in movimento". Burgio entre contradiction et cohérence

Compte-rendu scientifique sur Gramsci

GRIN Publishing

Bibliographic information published by the German National Library:

The German National Library lists this publication in the National Bibliography; detailed bibliographic data are available on the Internet at http://dnb.dnb.de .

Imprint:

Copyright © 2014 GRIN Verlag, Open Publishing GmbH
Print and binding: Books on Demand GmbH, Norderstedt Germany
ISBN: 978-3-668-00339-2

GRIN - Your knowledge has value

Since its foundation in 1998, GRIN has specialized in publishing academic texts by students, college teachers and other academics as e-book and printed book. The website www.grin.com is an ideal platform for presenting term papers, final papers, scientific essays, dissertations and specialist books.

Visit us on the internet:

http://www.grin.com/

http://www.facebook.com/grincom

http://www.twitter.com/grin_com

École Normale Supérieure de Lyon
ITA022 : Pensée politique italienne : lire les Cahiers de prison de Gramsci
2014 / 2015

Gramsci. Il sistema in movimento.

Burgio entre contradiction et cohérence

2

« Il lettore [...] non ha quindi soltanto il compito di coglierne il senso
e di valutarne limiti e pregi. Deve innanzi tutto cercare di portarli a compimento
conferendo loro l'assetto unitario di cui sono rimasti privi ».[1]

Cette citation d'Alberto Burgio peut être considérée comme l'approche de l'auteur lui-même à l'œuvre gramscienne, celle-ci étant incomplète, mais en aucun cas fragmentaire ou incohérente. Burgio, philosophe, homme politique et professeur d'Histoire de la philosophie à Bologne, semble parachever sa recherche sur Gramsci – à qui il a déjà dédié plusieurs livres – par ce volume qui se propose de lire tous les écrits du théoricien et politicien sarde, comme nous allons le montrer. Ce travail a pour but de présenter et d'analyser *Gramsci. Il sistema in movimento* en trois parties : dans un premier temps, nous parlerons du contexte, c'est-à-dire du cadre historico-politique dans lequel s'insèrent les concepts et les théories. Ensuite, nous nous interrogerons en détail sur l'approche et les objectifs de l'auteur afin de répondre à la question de savoir si Burgio parvient à voir les liens entre les différents sujets du corpus que nous présenterons et à justifier son approche ainsi que ce qu'il en déduit. Nous nous attarderons sur ses résultats, et pour finir, notre critique et d'autres observations seront présentées dans la conclusion.

Tout d'abord, il est nécessaire de tenir présent les deux plans temporels auxquels nous avons affaire : Burgio commence par prendre en considération les articles écrits du jeune Gramsci journaliste, optant donc pour une approche chronologique de laquelle il s'éloigne à tout moment qui lui paraît important afin d'enrichir ou compléter un aspect par un autre texte, que ce soient les correspondances de Gramsci, ou des ouvrages dans lesquels il a puisé son inspiration, dont Labriola, auquel Burgio réserve plusieurs chapitres. Mais la majorité du livre de ce dernier se réfère aux *Quaderni del carcere* où confluent et continuent à se développer et se préciser les idées-clé parfois, hélas, modifiées et défigurées pour de différentes raisons. *Il sistema* se compose de quatre grandes thématiques (« Prima del carcere » ; « Problemi di storia » ; « Nodi concettuali » ; « Sul caso italiano »), et de dix-neuf chapitres.

Puis, nous avons les périodes historiques analysées par Gramsci. Comme nous allons le voir dans un instant, il insiste sur la période de 1789 à 1870, ainsi que sur les événements alors d'actualité.

Le titre choisi par Burgio est très significatif parce qu'il explique sa prémisse, son approche et son interprétation du corpus gramscien. Parler d'un **système** suppose une unité, une certaine logique et la cohérence (parfois niée aux *Quaderni*), alors que le mouvement exclut la fixité et comprend les changements, mineurs ou radicaux, l'adaptation, mais

2

[1] p. 106-107. Burgio, Alberto. *Gramsci. Il sistema in movimento*. Sauf indication contraire, toutes les citations ont été tirées de cet ouvrage qui sera abrégé par la suite par *Il sistema*.

également être attentif aux développements de son environnement. Si l'œuvre gramscienne se caractérise par l'inachèvement, le désordre et la compléxité, Burgio voit sa tâche dans la restitution d'un rythme sans toutefois ôter au système sa flexibilité et, très important, sans réduire les ambiguïtés. Soutenir l'hypothèse d'erreurs commises par Gramsci serait une solution extrême. Les prétendues contradictions sont résolues ; l'inactualité de Gramsci est aussi vraie que son actualité.

La première partie consacrée aux écrits avant la prison introduit les questions auxquelles Gramsci s'intéressera également dans les *Quaderni*. Dès le début, Burgio fait ressortir ce qui a une signification cruciale pour Gramsci et son analyse de l'histoire, mais ce qui est souvent compris de travers, voire qualifié comme une erreur dans sa pensée : la **dialectique**. Appeler Gramsci actuel et inactuel en même temps, anticipant nombre de passages contradictoires, paradoxales ou incompatibles à première vue, nous intrigue et montre que Burgio brigue la fidélité au texte source, une caractéristique dont il déplore l'absenze chez d'autres auteurs.

Ces questions-là portent sur le rôle de la culture et de la conscience qu'implique la révolution et qui permet de comprendre d'autres concepts tels que la nécessité historique qui ne doit pas être prise pour le déterminisme. Elle est plus proche de l'idée d'une logique et d'une régularité, vu que Gramsci conçoit l'histoire comme un processus cohérent, qui a du sens. De plus, la nécessité et l'idée du destin inaltérable s'oppose à la liberté (de la classe ouvrière, de l'invincibilité de laquelle Gramsci est convaincu) qui est intrinsèquement liée à l'interrogation de l'homme sur sa place et son rôle parmi les autres et dans le monde ; cette dialectique n'est ni sans ambiguité, ni exclut la possibilité de réversibilité. Burgio n'omet pas de mentionner la Révolution française à laquelle Gramsci revient tout au long de son œuvre.

Gramsci s'intéresse à l'histoire, mais ne perd jamais de vue le présent, son présent pour être précis, qui est basé sur et se caractérise par les changements. Dans la première partie du livre, Burgio fait comprendre que le « biennio rosso », la situation des ouvriers et du prolétariat en général, sont les points principaux que Gramsci discute et analyse. Le fascisme, les conséquences duquel ce dernier était la victime, est au cœur de maints textes des *Quaderni*.

Les questions portent aussi sur la distinction entre « masse » (qui doit être transformée parce que sans conscience) et « classe » (et sur les conditions de création de cette dernière), et sur les tâches du parti. Dans ce contexte, Burgio présente dans le deuxième chapitre l'une des premières oppositions décisives aux yeux de Gramsci, qui est celle entre **l'organisation**, donc la direction, la conscience, et la **spontanéité**, qui est inadéquate[2], ce qui ne veut toutefois pas

---

[2] Il importe de souligner une fois de plus la position "entre-deux" de Gramsci : il est contre le spontanéisme, ce qui semble le rapprocher du déterminisme – à première vue. Car Burgio fait ressortir sa conviction de ne pas

dire que les mouvements spontanés – auxquels Burgio reviendra – sont à négliger. Ce dernier nomme aussi les textes que Gramsci cite constamment : ceux de Hegel, de Kant, de Labriola, de Marx et de Lénine.

On approfondit, complète et précise les concepts désormais introduits à mesure que l'on continue la lecture. L'une des problématiques qui tenait beaucoup à cœur de Gramsci est la fondation d'un État, et avec lui une **nouvelle société**. La conscience, définie aussi comme la compréhension des conditions dans lesquelles on lutte, est indispensable pour la masse qui doit être éduquée afin qu'elle puisse fonder un État, car c'est elle qui permet l'émancipation. Le terme de maïeutique est employé par Gramsci pour décrire la tâche du parti. Burgio ne se lasse pas de souligner le lien entre les *Quaderni* et les écrits de Gramsci qui précèdent ses années en prison, ou bien ses sources dont se profile Lénine en ce qui concerne la nécessité d'une initiative pédagogique à cause de l'« arretratezza »[3] de la classe subalterne (un terme décisif pour décrire le cas italien, comme nous le montrerons).

Les réflexions de Gramsci tournant autour la **modernité** ainsi que les transformations et leur signification pour la classe ouvrière qu'elle engendre, Burgio accorde beaucoup d'attention à cet aspect. À celle-ci sont liés de nombreuses concepts que l'auteur nomme et explique. Comme il l'a dit, il y a des raisons pour appeler Gramsci et sa pensée moderne. Selon lui, la modernité ca de pair avec le changement ; c'est le moment où les États sont formés, où le travail et l'économie sont perçus différemment qu'avant. C'est également le temps des masses, de la construction de sociétés dynamiques et de l'hégémonie.

Gramsci compare les **crises** médiévales à celles modernes, et distingue trois grandes phases de l'Europe moderne (tout en prenant soin de faire la différence entre la France et le reste du continent dont il prend en compte le cas de l'Italie, bien sûr, mais aussi celui de l'Allemagne) : la crise médiévale (l'Europe est séparée en deux : alors qu'en France peut naître une « nuova società 'completa e perfetta' »[4] grâce à une bourgeoisie forte, celle en Allemagne et en Italie est faible, d'où le fait que ces pays sont encore loins du passage à la modernité), la période entre 1789 et 1870/71 (l'abime qui sépare la France des autres pays disparaît petit à petit et l'Europe se métamorphose), et celle entre cette dernière date qui marque la « [f]ine del ciclo espansivo »[5] puisque la phase progressiste de la modernité se termine jusqu'à ses jours (où la société moderne subit une crise organique, la crise dont Gramsci distingue plusieurs types étant l'essence de l'histoire moderne). Cette périodisation qui se base sur la dynamique des transitions explique pourquoi Gramsci parle d'une modernisation tardive italienne. Étudier

---

négliger la portée que les mouvements spontanées peuvent avoir.
[3] p. 45.
[4] p. 158.
[5] p. 164.

5

la différence entre les pays lui permet de construire un modèle de la formation des États modernes. Cependant, la modernité n'est exempte ni d'un noyau archaïque, ni d'un côté utopique. Contrairement aux classes dominantes précédentes conservatrices à une « struttura castale [… e] static[a] »[6], la société moderne a une mobilité interne, étant « 'un continuo formarsi e superarsi di equilibri instabili' »[7].

La nouvelle société que nous avons évoquée fait partie de ce champ de réflexion. Elle ne peut voir le jour que lorsque les **masses**, encore sans conscience (Gramsci médite le connaître soi-même en citant Novalis et Vico), sont éduquées et se transforment en **classe**. Pour que le prolétariat puisse devenir la classe dirigeante, les ouvriers doivent tout d'abord être transformés en prolétariat[8] ; et afin de réaliser une révolution, « lo sviluppo della *consapevolezza* dell'identità e del valore storico della classe »[9] est nécessaire. Ainsi, la classe est vue comme l'avenir de la société qui est déjà présent : une « antecipazione vivente della nuova società »[10]. Les *Quaderni* cherchent à surmonter l'**élitisme** pour lequel la division entre élite et masse est inévitable, tout comme celle entre théorie et pratique par le biais de la **"prassi"**.

D'après Gramsci, le rapport entre le **parti**, la classe est la masse est dialectique. La fonction principale pédagogique de ce premier – « dare coscienza e organizzazione »[11] – est soulignée à plusieurs reprises. La sienne est une contribution essentielle et stratégique pour créer l'État moderne qui sera l'éducateur ainsi que le vecteur de valeurs communes. Contrairement à ce que l'on pourrait penser, entre le parti et la masse existe une relation qui n'est pas univoque, Gramsci prévoyant plutôt une éducation réciproque. Cependant, ce raisonnement soulève la question de savoir comment la masse peut communiquer ses besoins quand elle est encore inconsciente. En outre, Burgio note que la masse a de nombreuses volontés, non une seule, ce qui prouve la perspicacité de l'auteur et la profondeur de la pensée de Gramsci, dont le système n'est pas présenté de manière simplifiée, mais au contraire avec toutes les contradictions et problématiques. Non seulement le parti préfigure la nouvelle société et est un modèle de l'État prolétarien, il dirige aussi la révolution socialiste. Mais il ne doit pas y avoir de division en dirigeants et dirigés à l'intérieur du parti puisque « per Gramsci

---

[6]p. 177.
[7]p. 181.
[8]Ce passage se reflète dans Marx qui théorise la métamorphose du prolétariat en communistes. Qui plus est, après cette première étape, les prolétaires ne doivent pas se voir comme tels, mais comme membres d'une classe.
[9]p. 17. Italiques dans l'original.
[10]p. 86.
[11]p. 19. Gramsci utilise même la formulation de "scuola interna" du parti, et n'omet pas non plus d'aborder la fonction du journal du parti révolutionnaire.

6

è evidentemente inaccettabile qualsiasi attitudine autoritaria » [12] dont les conséquences seraient désastreuses [13]. La centralisation garantit l'unité du parti. Idéalement, tous les membres du parti seraient des **intellectuels** – un autre sujet décisif de la pensée gramscienne, présent dès les toutes premières lettres à Tania[14]. En faisant des recherches sur eux, Gramsci croit être capable d'approfondir le concept de l'État. On voit d'emblée qu'il s'agit d'un projet de recherche ambitieux et très vaste qui demanderait d'avoir une grande bibliothèque à disposition.

Burgio se montre entièrement conscient de la portée des réflexions gramsciennes sur les intellectuels italiens dont sont distingués plusieurs types. Ils stabilisent les liens avec les autres groupes sociaux et renforcent les forces progressistes de l'"Italie" encore politiquement divisée afin que la révolution puisse avoir lieu. Non seulement les enseignants méritent d'être appelés des intellectuels, mais tous ceux qui contribuent à l'organisation de la société et la création du consensus. Leur fonction internationale est centrale, selon Gramsci. Justement, il ne se lasse pas de souligner la fonction révolutionnaire de la **bourgeoisie** qui « si distingue […] per l'elasticità dei suoi 'quadri sociali' e per la vocazione assimilativa nei confronti delle classi subalterne »[15]. On peut dire qu'elle se veut un organisme en mouvement.

Gramsci constate que les institutions bourgeoises sont en « crisi di prestigio e di credibilità », et lorsque le chaos règne, le pays ne peut que devenir la « negazione di Dio »[16]. Cette crise des institutions, un fait irréversible selon Gramsci, est une crise **démocratique**. Il voit la représentation parlementaire de façon très négative vu que ce système est « 'una invenzione … dei tiranni' »[17] qui ne parvient ni à exprimer la volonté réelle de la masse, ni de réaliser les principes démocratiques. Il existe un rapport de représentation seulement peur peu que la classe dirigeante comprenne les passions du peuple. L'interprétation, c'est-à-dire la tâche herméneutique, incombe à l'avant-garde. La qualité, et non la quantité, est prépondérante – par exemple, pour mesurer la force du parti communiste, Gramsci préfère prendre en compte le potentiel de développement au nombre des communistes.

On peut comprendre la démocratie, terme bouleversé dans les *Quaderni*, de deux façons : « Vi è da una parte la democrazia per come la si intende 'comunemente' e 'volgarmente'; dall'altre, un'idea di democrazia ben concepita »[18]. La véritable démocratie

---

[12]p. 49.
[13]Gramsci n'est pas d'accord avec la position de Bordiga et sa conception du parti.
[14]Burgio cite celles du 19 mars 1927 et du 25 mars 1929.
[15]p. 172. Nous tenons tout de même à remarquer que l'expansion de la bourgeoisie ne peut inclure toutes les strates sociales, comme Burgio le met en évidence. Qui plus est, Gramsci insiste sur la composante violente de l'expansion.
[16]p. 63 et p. 64 respectivement.
[17]p. 67.
[18]p. 69.

selon Gramsci est le self-government.

La nouvelle société est une **nécessité historique** (car devenir conscient est vu par Gramsci comme atteignable par l'acte de déchiffrer les lois du processus historique). Certes, l'homme ne peut rien prévenir, mais les « leggi tendenziali »[19] dont parle Gramsci peuvent être révélatrices. Un événement est toujours situé dans un réseau composé d'autres événements et situations, et n'est jamais totalement détaché ou hors de ce réseau. La sagacité de Gramsci le fait conclure que l'avenir est en fait déjà présent, parce que prévisible dans une certaine mesure. Il se voit lui-même comme un « 'storico dello sviluppo storico' »[20] à qui importe l'évolution logique des processus. La nécessité historique est confirmée par les **analogies** et comparaisons que l'on trouve fréquemment chez Gramsci, non pour des raisons de style, mais pour rendre compte de la réalité.

Il n'est pas étonnant que Gramsci soit sûr que le parti communiste comprend la nécessité historique, ce qui le fait l'avant-garde de son époque. Celle-ci doit voir ce qui n'est pas encore immédiatement visible. Parvenir à la comprendre n'implique en aucun cas que l'histoire est un éternel recommencement, ou qu'un politicien est un oracle. Pas besoin de magie si on conçoit la nécessité historique comme le concept qui décrit que des situations similaires reviennent en continu dont on peut tirer des principes généraux, tel que le fait Gramsci. La connaissance de ces situations, des événements historiques cruciaux, signifie d'être conscient du rapport entre l'interprétation (de l'histoire) et la transformation (du présent et de l'avenir ; Burgio revient aussi brièvement sur le transformisme dans l'histoire politique italienne afin de le distinguer de la transformation) : « si guarda al passato con lo sguardo rivolto al futuro »[21]. Le passage de la compréhension à l'action est appelé par Gramsci « 'catarsi' »[22].

Un génie politique est celui qui interfère dans l'action, qui modifie le cours des événements saisissant leur rythme (leur logique). Comme Gramsci le dit d'un timbre critique et pointu, si on veut modifier la situation, on ne peut pas rester les bras croisés et regarder les événements se succéder, loin s'en faut. Ce génie doit « imprimere al processo storico un ritmo più veloce »[23] (nous rappelons que l'accélération est l'une des caractéristiques de la modernité), se rendre compte de son rôle de coauteur de l'histoire, et il fait inévitablement penser au *Prince* de Machiavel auquel Gramsci s'intéresse en premier lieu pour son caractère révolutionnaire. Ses anticipations ne doivent pas dégénérer en une « fantasticheria »[24] absurde.

---

[19] p. 93. Burgio suppose que l'on puisse voir en ce terme une influence de Ricardo.
[20] p. 129.
[21] p. 93.
[22] p. 25.
[23] p. 82.
[24] p. 83.

8

Au génie politique est lié le concept du **césarisme** qui présente des analogies avec la politique totalitaire : un personnage héroïque que Gramsci appelle aussi « capo carismatico »[25] intervient pour résoudre une crise engendrée par l'équilibre catastrophique des forces qui s'affrontent et se détruisent l'une l'autre. À nouveau, Gramsci précise qu'il faut distinguer deux types à l'intérieur de ce concept : « progressivi appaiono a Gramsci i cesarismi di Cesare e di Napoleone I, mentre esempi di cesarismo regressivo considera quelli di Napoleone III e di Bismarck »[26]. Le césarisme progressiste décrit le passage d'un type d'État à un autre, ce qui signifie qu'il est bel et bien capable de faire époque ; en revanche, sa variante régressive requiert d'être distinguée plus en détail en césarismes relativement ou absolument progressistes. Lorsque le césarisme vient d'en bas (quand il s'agit donc d'un césarisme démocratique moderne où le parti remplace le César), il peut même se passer de ce dernier, aussi contre-intuitif que cela semble.

Le mot repère (nous devrions dire "nom repère") est celui de l'empereur Français à partir duquel Gramsci conçoit le **bonapartisme**. De nouveau, Gramsci suit le raisonnement de Marx : « Se Napoleone I ('il vero, il grande Napoleone') è stato un protagonista della storia francese ed europea […] Luigi Bonaparte ('lo pseudo-Napoleone' bonapartista) è agli occhi di Marx poco più che una macchietta »[27]. Gramsci donne deux exemples historiques de ce concept toujours négatif qui sont Crispi – vivement critiqué à cause de sa politique autoritaire et de ce chef appelé un jacobin fanatique – et l'État avec sa **bureaucratie** opaque, qui n'a pas harmonisé les intérêts. Celle-là s'apprête à devenir un véritable parti politique qui a la capacité de maintenir vivant un État sans consensus. C'est comme une caste fermée qui s'accroche au pouvoir en tendant vers une attitude dictatoriale

Nous avons déjà cité le **concept de l'État** dans le cadre des réflexions sur les intellectuels. D'après Gramsci, qui n'approuve pas la définition de l'État comme simple pouvoir politique, il désigne l'ensemble des activités pratiques et théoriques et se compose de la société politique et de la société civile (l'ensemble des associations et institutions) ; il a donc une composante dictatoriale et une composante hégémonique, ce qui amène Gramsci à concevoir deux idées de l'État (l'une au sens restreint, l'autre au sens organique et plus large). La classe dirigeante garde et justifie sa dominance par l'État. Gramsci pense que ce dernier ne peut pas se passer d'intervenir dans l'économie, la culture et l'idéologie.

« [T]utta la macchina dello Stato integrale serve a produrre egemonia »[28]. **L'hégémonie** est un système complexe dans la pensée de Gramsci qui apparaît dans ses écrits à partir des

[25]p. 126.
[26]p. 127.
[27]p. 268.
[28]p. 226.

années Vingt, mais qui est déjà repérable chez Marx et Engels. Elle désigne « la funzione direttiva che una forza esercita [… una] direzione di un insieme di forze […] in funzione dell aconquista del potere »[29] et peut se manifester sous des fomes multiples. Elle et la coercition sont inséparables lors de l'exercice du pouvoir politique. L'hégémonie naît dans la fabrique (tel est le titre du neuvième chapitre de la troisième partie) où il lui incombe de former et de coordiner, en un mot, de se charger de l'« *organizzazione delle menti* »[30] ce pour quoi un rapport hégémonique est toujours un rapport pédagogique.

Maintenant, nous devons recourir au **consensus** évoqué ci-dessus puisqu'il semble être dans une relation dialectique avec la force (d'où la comparaison avec la double nature du Centaure qui symbolise l'État moderne), ce qui le rapproche de l'hégémonie ; en effet, Gramsci met le consensus sur le même niveau que l'hégémonie et la civilté.

Le consensus est un sujet difficile, équivoque parce qu'il refuse d'être classé dans le positif ou le négatif. Gramsci explique cette zone grise en prenant comme exemple le fascisme et le nazisme qui avaient tous deux le "consensus" partagé par tous ; cependant, il s'agissait d'un consensus totalitaire[31]. Sa distinction de la subordination n'est donc pas toujours claire, mais il devrait se baser sur la persuasion, non sur l'endoctrinement. Quand une théorie est juste, elle n'a pas besoin d'être imposée, mais d'être éduquée aux masses. L'éducation, la culture, la religion et bien d'autres sujets dits « discorso pubblico »[32] sont des éléments fondamentaux de la politique qui doit créer l'opinion publique (le point de contact entre le consensus et la force) influencée par les bibliothèques, l'architecture, les journaux,...

Dans le cadre de la politique totalitaire qui tend à réduire le pluralisme parce qu'elle ne dirige pas, mais domine, Gramsci définit également le passage de la **guerre de mouvement** à celle **de position** qui caractérise l'après-guerre. L'issue de celle-ci décide du sort de l'époque entière, ce pour quoi une analyse erronée de la part du génie politique serait désastreuse.

Burgio veille toujours à ce que le lecteur voie que **l'histoire de l'Italie** est bien distincte de celle de la France qui « giunge all'appuntamento con la modernità prima degli altri e lo affronta con maggiore energia »[33] , ce qui a des conséquences non négligeables – premièrement sur le développement des deux pays, et deuxièmement sur la pensée historico-politique de Gramsci, qui en tire ses conclusions. Cette vision confirme nombre de points d'analyse concernant le passé de l'Italie – un modèle en miniature des scénarios européens et mondiaux – et donc simultanément les raisons de sa fome actuelle. L'un de ces points est la **révolution passive**, diamétralement opposée à la Révolution française, révolution

---

[29]p. 213-214.
[30]p. 20. Italiques dans l'original.
[31]Burgio cite un passage où Gramsci dénonce l'assassinat de Matteotti.
[32]p. 207.
[33]p. 250.

"classique"[34]. C'est un véritable événement clé aux yeux de Gramsci puisque les classes subalternes se sont saisies de générer des changements progessistes. Il loue les actions des jacobins français qui ont conféré un branle nouveau aux émeutes révolutionnaires. Gramsci les considère comme l'incarnation du prince machiavélique.

Le XIXème siècle a vu « una svolta profonda nella storia dell'umanità [... e] una nuova consapevolezza del carattere progressivo del processo storico » justement grâce à la modernisation et la Révolution française. Selon lui, l'Italie, l'Allemagne et l'Angleterre ont en commun la persistance du vieux système, ce qui a conduit à un enchaînement de révolutions passives dont les transformations suscitées, promûes par les classes au pouvoir (l'initiative ne venant fonc pas du peuple), sont subies pas les sujets. En Italie, l'État et les riches ont le pouvoir absolu sur les paysans pauvres. Le problème réside dans la lenteur avec laquelle le vieux meurt, ce qui empêche les mutations souhaitées positives et progressistes de se mettre en place. Ce trait que partagent tous les pays dans lesquels dominent les révolutions passives n'implique pas nécessairement que celles-ci sont inefficaces, car des transitions s'effectuent nonobstant. Il s'agit bien d'une révolution, non d'une période de stagnation.

Les *Quaderni* confrontent les révolutions passives du XIXème siècle (dont le Risorgimento) à celles du XXème (par exemple le fascisme qui, pour Gramsci, va de pair avec la démocratie) où les transformations et la conservation coexistent. Cette fusion entre le vieux et le nouveau ont fait de l'Italie un "État bâtard", ainsi écrit Gramsci dans les *Quaderni*. Il est d'avis que « la folisofia della praxis [deve divinire] quel che fu il cristianesimo ai tempi della sua comparsa; 'un elemento di scissione completa tra i sostenitori del vecchio e del nuovo mondo' »[35]. De processus similaires peuvent donc résulter des scénarios très différents l'un de l'autre, ce que souligne l'analyse perspicace de Burgio.

Les réflexions de Gramsci révèlent les analogies, telles que l'inséparabilité de la force (du vieux) et de la faiblesse (du nouveau), mais il souligne également en quoi celles du XIXème siècle se profilent : elles sont les seules à réaliser une transition historique.

Qu'est-ce que cela veut dire concrètement ? En premier lieu, Burgio s'attarde sur une mise au point d'événement et de concepts pas exclusivement italiens ou français. Sont à nommer encore la **Commune de Paris**, la Révolution d'Octobre et l'américanisme, c'est-à-dire l'ensemble des transformations aux États-Unis, dont les concepts du taylorisme du fordisme). Cette première a une valeur symbolique pour Gramsci. La répression de la Commune qui finissait par un bain de sang marque la fin de l'époque de la bourgeoisie la domination de laquelle a été mise en question.

---

[34]p. 249.
[35]p. 431.

La **Révolution d'Octobre** est le fruit de l'alliance entre ouvriers et paysans et sert de modèle d'une dictature réellement démoratique pour Gramsci, sûr qu'en URSS, on fait tout pour surmonter la hiérarchie, le parti communiste représentant la majorité du peuple et sachant interpréter ses besoins[36]. C'est au moment de cette révolution que la crise organique atteint son paroxysme.

Le **taylorisme** et sa méchanisation des travailleurs cause la scission de pensée et action, entraînant de ce fait de profonds changements dans le domaine de la production. La relation entre producteur – que Gramsci voit réduit à un simple « gorilla ammaestrato »[37] – et produit est sujette à un bouleversement sans précédent à cause de la décomposition du processus de production, ce qui a déjà été observé par Marx qui « analizza la potenza simbolica del rapporto sociale capitalistico incorporata nella merce e nella strumentazione del processo di produzione mostrando come merce e macchine siano 'feticci' »[38].

Gramsci critique le **fordisme** qui contribue à la cristallisation des hiérarchies sociales. Les classes dominantes qui forment des castes ne conviennent plus à l'époque moderne où devrait primer la mobilité sociale. Mais il voit malgré tout les aspects positivs de ces deux modèles tels que l'augmentation de la productivité, et reconnaît l'apiration au progrès de l'américanisme. Gramsci voit le corporativisme comme la version italienne de l'américanisme.

Les processus d'automatisation du travail dans les fabriques sont aussi des symboles de l'ambiguïté de la modernité. Cette transition historique est liée à l'expression **"fare epoca"**. Ce qui fait époque fait irruption, modifie le statu quo au lieu de tout simplement "durer", est un événement ou un processus. Sans tergiverser, Gramsci attribue cette capacité à la Révolution française. Les révolutions passives du XIXème siècle ont réalisé une telle transition historique, ce à quoi celles du XXème siècle ne sont pas parvenues. Ayant conservé le vieil ordre socio-politique, les révolutions passives du XXème siècle ont causé un « scenario bloccato »[39] en ce qui concerne la situation alors d'actualité, ce qui exclue les positions entre-deux qui puissent la débloquer (entre conservation et transformation, par exemple, comme au siècle précédent). Burgio sensibilise le lecteur aux **conditions de rédaction** des *Quaderni* qui ont déterminé leur forme dans une mesure considérable. Son ouvrage vise à montrer qu'ils ne sont pas une accumulation d'idées et de théories sans ordre ni logique, un « zibaldone di pensieri »[40], mais qu'ils ont une organisation intérieure ; « 'sistematicamente' »[41] écrit-il dans une lettre à Tania.

---

[36]À Gramsci n'échappe pas que le parti, interprétant et définissant la volonté du peuple, risque de projeter sur la masse ses propres intérêts, la volonté étant donc manipulée.

[37]p. 306.

[38]p. 231.

[39]p. 266.

[40]p. 105. Le clin d'oeil à l'ouvrage de Leopardi est évident ; une confrontation des deux par rapport à la forme serait certainement foisonnante.

[41]p. 111. Lettre à Tania du 19 mars 1927.

12

Gramsci était extrêmement limité dans ses choix en tant qu'écrivain : un nombre de livres dans la cellule très restreint, les cahiers numérotés et contrôles par la direction de la prison, et ainsi de suite. Ces circonstances externes sont davantage compliquées par le problème de la reconstruction diachronique, les tentatives d'encodage ainsi que par le caractère provisoire des notes, un aspect à l'intérieur des *Quaderni*. La compréhension et la présentation du système gramscien que son auteur voulait "für ewig" n'est possible qu'en supposant que les notes évoquent un texte qui reste "caché", sous-entendu, mais qui est toutefois présent. Burgio ébauche même une analyse linguistique des *Quaderni* en mettant en évidence « la persistenza delle metafore organicistiche con cui Gramsci rappresenta il processo di sviluppo »[42]. En effet, nous trouvons des termes comme "embryon", "germe" "parasites" ou "cellule" dans la pensée gramscienne.

En outre, il se demande pourquoi l'influence de **Labriola** n'a pas été assez valorisée alors que ses idées et les passages dans Gramsci qui se réfèrent à lui traversent les *Quaderni* comme un fil rouge. Il s'agit même du « solo ad aver colto appiena la rilevanza dei temi [dei *Quaderni* ...] è l'unico (secondo Gramsci) a vedere correttamente le cose »[43], ce qui n'est pas le cas avec Croce, fortement critiqué par Gramsci.

Pour finir, la position de **Bobbio**, qui s'est particulièrement intéressé à une analyse de Gramsci et le marxisme, est présenté par Burgio puisqu'ils doivent faire face aux mêmes problèmes soulevés par la dialectique et les concepts non figés. Bobbio les interprète comme des erreurs ; toutefois, sa justification laisse le lecteur songeur : « 'so bene che abbiamo a che fare con concetti elastici, ma il compito del critico non è di renderli ancora più elastici aggiungendo confusione a confusione, ma di fissarli, delimitarli [...]' »[44]. L'ouvrage de Burgio comprend la dimension ouverte et en mouvement des *Quaderni* qui n'exclut pas la logique interne. L'auteur trouve dans Gramsci la confirmation que son analyse critique de l'Italie peut toujours dire beaucoup sur notre temps – une idée aussi préoccupante que rassurante et fascinante. Et il préfère reconnaître l'ambiguïté à vilipender le système.

Ayant pour but la reconstruction des réflexions gramsciennes en gardant le point de vue de la classe ouvrière tout au long du livre, il tient compte des sujets principaux dans l'œuvre de Gramsci et les présente et analyse de manière progressive et spiralaire. Nous nous expliquons : tout au long de son livre, Burgio introduit un concept pour y revenir dans un autre passage le sujet duquel y est lié afin d'entrer davantage dans les détails. Un procédé intéressant certainement motivé entre autres par un souci didactique ce dont témoignent les résumés et récapitulations.

---

[42] p. 336.
[43] p. 434.
[44] p. 468.

13

Pourtant, on pourrait critiquer que Burgio accorde trop d'importance à la continuité, et qu'il risque de présenter le système gramscien hors de son cadre – en effet, non seulement l'enfance ou le parcours professionnel de Gramsci sont en reste, mais les circonstances politiques du passé et du présent ne sont parfois pas traitées assez en profondeur, bien qu'il ne s'agisse naturellement pas d'un ouvrage pour une première approche de la pensée gramscienne. Burgio donne un aperçu de celle-ci et s'est proposé de montrer ses débuts en prenant en considération nombre de sources de Gramsci et tous ses écrits quitte à ne plus bien distinguer ceux de l'après-guerre des *Quaderni* et d'ignorer tant le cadre historico-personnel que le but révolutionnaire de ces derniers textes. Bordiga, quand à lui, n'est mentionné que de manière négative. Qui plus est, son procédé spiralaire ralentit la lecture à cause de fréquentes répétitions quasiment mot-à-mot qui ne rajoutent rien en clarté, ce qui empêche le lecteur d'avoir toutes les informations concernant un aspect rassemblées dans un chapitre du premier coup d'œil.

En ce qui concerne l'ordre des points analysés, on aurait pu introduire le système de Gramsci en commençant par les conditions de rédaction et les commentaires de style au lieu de les échelonner sur l'ouvrage entier. La question de la religiosité de Gramsci n'est pas abordé quoique Burgio cite plusieurs formulations comme « un paese divenuto 'una negazione di Dio' »[45] ou « 'la realtà, il mondo, è stato creato da dio indipendentemente dall'uomo […]' »[46] dont une explication aurait été souhaitable.

Le livre de Burio offre de nombreux points depuis lesquels le lecteur est invité à continuer à réfléchir et à aller plus loin. Il saisit la perception gramscienne du temps historique et explique que la transition a été inaugurée par la Révolution française et perdure jusqu'aujourd'hui.

---

[45] p. 64.
[46] p. 140.